D. BATJARGAL

MONGOLIAN LANGUAGE FLASHCARDS

Card 4   Introduction
Cards 5 to 18   Greetings & Farewells
Cards 19 to 26   Introducing yourself
Cards 27 to 36   Talking about one's origin & Language abilities
Cards 37 to 54   Asking & giving personal information
Cards 55 to 64   Asking for help & thanking
Cards 65 to 72   Asking to repeat a question
Cards 73 to 80   Asking for directions or places in the city
Cards 81 to 86   Asking about job & work place
Cards 87 to 96   At clothes shop
Cards 97 to 104   At a restaurant
Cards 105 to 108   Taking a taxi

Cards 109 to 114   Currency exchange
Cards 115 to 120   Making inquiry about train or bus tickets
Cards 121 to 130   Looking for accomodation
Cards 131 to 138   Asking for help in emergency situations
Cards 139 to 146   Going to the market
Cards 147 to 152   Making inquiry about food market
Cards 153 to 158   Shopping for food
Cards 159 to 166   Asking about Naadam festival
Cards 167 to 176   Making an appointment with somebody
Cards 177 to 184   Making inquiry about museums
Cards 185 to 196   Travelling to countryside
Cards 197 to 204   Leaving the country

INTRODUCTION

The flashcards in Mongolian are easy to use and contain the most essential phrases for those who does not speak the language. In order to make it even more convenient the cards are numbered. Also the cards are grouped in ebook in different colors according to the topic. Word stress is shown by underlining a stressed syllable or vowel.

There are 100 cards. They start from greeting, introducing yourself, asking for help, phrases helpful in getting around the city or place, shopping, eating out, asking for directions, for help etc.

1. Сайн байна уу?
[sain bainuu]

Hello!

2. Сайн. Сайн байна <u>уу</u>?

[sain. sain bainuu]

Hello. How are you?

3. Өгл<u>өө</u>ний мэнд!

[o'glo'o'nii mend]

Good morning!

4. Өдрийн мэнд!

[o'driin mend]

Good afternoon!

5. Ор<u>о</u>йн мэнд!

[oroin mend]

Good evening!

6. С<u>ай</u>хан амр<u>аа</u>рай!

[saikhan amraarai]

Good night!

7.Баярт<u>ай</u>!

[bayartai]

Good bye!

8. Таны нэр хэн бэ?

[tany ner khen be]

What's your name?

9.Мин<u>ий</u> нэр Б<u>а</u>дам.

[minii ner badam]

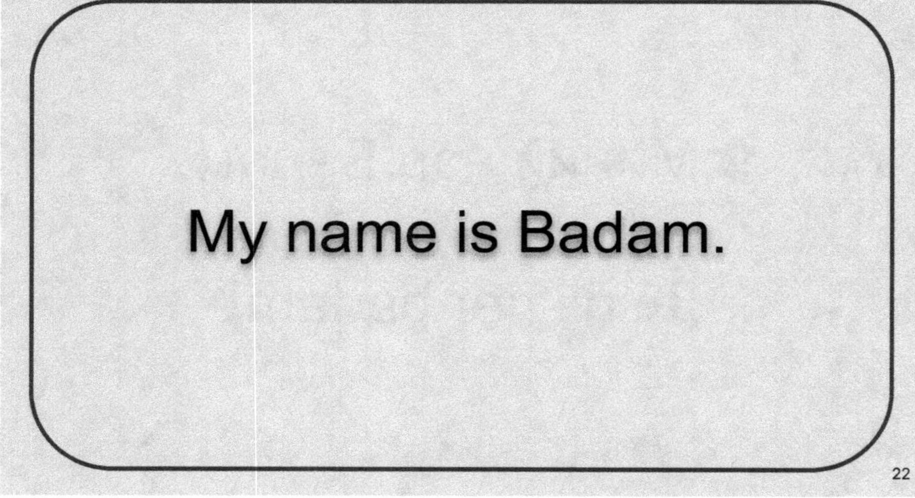

My name is Badam.

10. Таны́г хэн гэдэг вэ?

[tanyg khen gedegh ve]

24

11. Нам<u>ай</u>г Б<u>а</u>дам г<u>э</u>дэг.

[namaigh badam gedegh]

My name is Badam.

12. Би <u>а</u>мерик/х<u>я</u>тад хүн.

[bi amerk/hyatad khun]

I'm American/ Chinese.

13. Би Япон<u>оос</u>/ Америк<u>ээ</u>с ирсэн.

[bi yaponoos/amerkees irsen]

I'm from Japan/ America.

14. Та англ_иар_ ярьдаг _уу_?

[ta angliar yaridagh uu]

Do you speak English?

15. <u>Уу</u>члаарай, би <u>ойл</u>гохгүй б<u>ай</u>на.

[uuchlaarai bi oilgohgui bain]

I'm sorry, I do not understand.

16. Та <u>я</u>мар <u>я</u>мар хэл
мэддэг вэ?

[ta yamar yamar khel
meddegh ve]

What languages do you speak?

17. Таны мэргэжил юу вэ?

[tany mergejil yu ve]

What's your profession?

18. Би багш / эмч / сэтгүүлч.

[bi bagsh / emch / setguu'lch]

I'm a teacher / physician / journalist.

19. Би гэр бүлт<u>эй</u> / гэр бүлг<u>үй</u>.

[bi ger bu'ltei / ger bu'lgu'i]

I'm married / single.

20. Би хүүхэдтэй / хүүхэдгүй.

[bi khuu'hedtei / khuu'hedgu'i]

I have a child / have no
children.

21. Та х<u>үү</u>хэдтэй юу?

[ta khuu'hedtei yu]

Do you have children?

22. Та хэдт<u>эй</u> вэ?

[ta hedtei ve]

How old are you?

23. Та х<u>аа</u>на төрсөн бэ?

[ta khaan to'rso'n be]

Where were you born?

24. Би Ам<u>е</u>рикт/ Х<u>я</u>тадад /
<u>О</u>рост төрсөн.

[bi amerikt / hyatdad / orost
to'rso'n]

I was born in the US /
China / Russia.

25. Би Лондонд / Москвад амьдардаг.

[bi londond/maskvad amidardagh]

I live in London / Moscow.

26. <u>Уу</u>члаарай, энэ <u>юу</u> вэ/энэ хэн <u>бэ</u>?

[uuchlaarai, en yu ve/ en khen be]

Excuse me, what's /who's this?

27. Та надад туслана уу?

[ta nad tusalnuu?]

Can you help me, please?

28. Танд хэрхэн туслах вэ?

[tand kherhen tuslakh uu]

How can I help you?

29. Та надад их тус боллоо, баярлалаа.

[ta nad ikh tus bolloo, ikh bayrallaa]

You helped me a lot, thank
you very much!

30. Зүг<u>ээ</u>р зүг<u>ээ</u>р.

[zu'geer zu'geer]

You're welcome!

31. Та ж<u>аа</u>хан уд<u>аа</u>н ярина <u>үү</u>?

[ta jaakhan udaan yarinuu]

Can you speak a bit slowly?

32. Та дах<u>иа</u>д хэлнэ <u>үү</u>?

[ta dahiad khelnu'u']

Can you say it again?

33.Би монгол хэл мэдэхг_үй.

[bi mongol khel medehgu'i]

I do not know /speak
Mongolian language.

34. <u>Үүнийг</u> монгол<u>оор</u> юу гэх вэ?

[uu'niigh mongloor yu gekh ve]

How do you say/name it in Mongolian?

35. U̲u̲члаарай, такс_и /автобу̲сны
зогс<u>оо</u>л х<u>аа</u>на б<u>ай</u>даг вэ?

[uuchlaarai taksi avtobuusny
zogsool khaan baidagh ve]

Excuse me, where is a taxi rank/ bus stop?

74

36. <u>Уу</u>члаарай, ……..- д/т яаж
очих вэ?

[uuchlaarai, (place) - d/t yaaj
ochih ve]

Excuse me, how can I get to
(place name)?

37. Америк/Их Британий элчин сайдын яамны хаяг, утасны дугаар хэлж өгнө үү?

[amerik/ikh britanii elchin saidyn yamny hayagh/utasny dugaar khelj ugnuu']

Can you please tell me the address
and phone number of the American
/ British Embassy?

38. <u>Уу</u>члаарай, Төв Ш<u>уу</u>данд яаж хүрэх<u>ий</u>г хэлж өгнө <u>үү</u>?

[uuchlaarai, to'v shuudand yaaj khu'rhiigh helj o'gnuu']

Excuse me. Could you tell me the way to the Central PO?

39. Та х<u>аа</u>на с<u>уу</u>даг вэ?

[ta khaan suudagh ve]

Where do you live?

40. Та х<u>аа</u>на аж<u>и</u>лладаг вэ?

[ta khaan ajildagh ve]

Where do you work?

41. Та юу хийдэг вэ?

[ta yu khiidegh ve]

What do you do? What's your job?

42. <u>Үү</u>нийг надад үз<u>үү</u>лнэ үү?

[u'u'niig nad uzuu'lnuu']

Can I have a look at it?

43. Энэ <u>я</u>мар үнэт<u>эй</u> вэ?

[en yamar u'netei ve]

How much is it?

44. <u>Өөр</u> өнгө/хэмж<u>ээ</u> бий юу?

[oo'r o'ngo'/hemjee bii yu]

Are there other colours/sizes?

45. Ар<u>ай</u> хямд б<u>ай</u>на уу?

[arai khyamd bainuu]

Is there a cheaper one?

46. Би үүнийг авъя.

[bi uu'niigh aviy]

I'll buy it.

47. Х<u>оо</u>лны цэс өгнө <u>үү</u>?

[khoolny tses ugnuu']

Can I have a menu, please?

48. Махг**ү**й ямар х**оо**л б**ай**на?

[makhgu'i yamar khool bain]

What vegetarian food do you offer?

49. Зөөгчөө, асуух юм байна.

[zoo'gchoo' asuukh yum bain]

Waitress, I have a question.

50. Т<u>оо</u>цоогоо ав<u>ъя</u>.

[tootsoogoo aviy]

The bill, please.

51. Улаанбаатар зочид буудалд хүргүүлье.

[ulaanbaatar zochid buudald hu'rguu'ley]

Take me to Ulaanbaatar hotel, please.

52. Хэд<u>ий</u>г төлөх <u>үү</u>?

[khediig to'lkhuu']

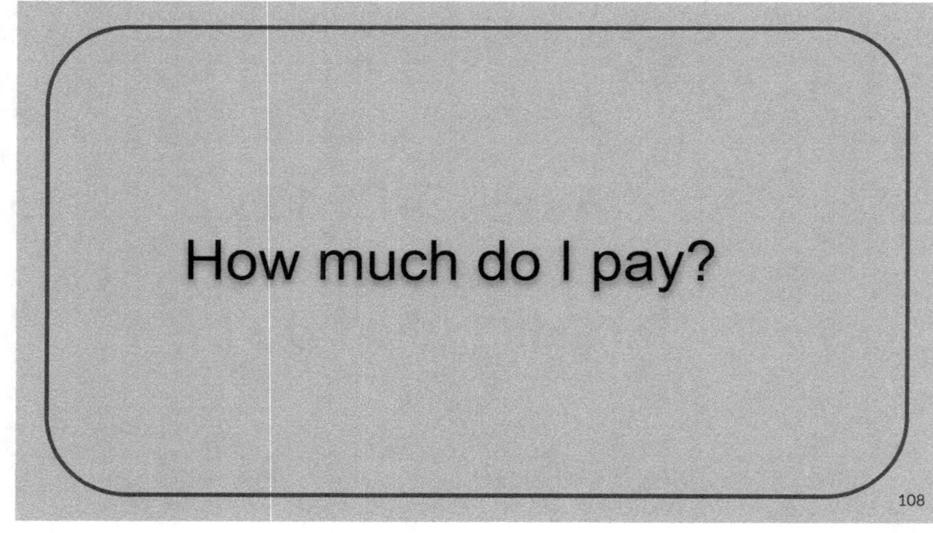

How much do I pay?

53. Энд <u>ойрхон</u> АТМ/банк <u>бий</u> юу?

[end oirkhon ei-ti-em/bank bii yu]

Is there an ATM/bank nearby?

54. Мөнгө солих цэгүүд хаана байдаг вэ?

[mo'ngo' solikh tseguu'd khaan baidagh ve]

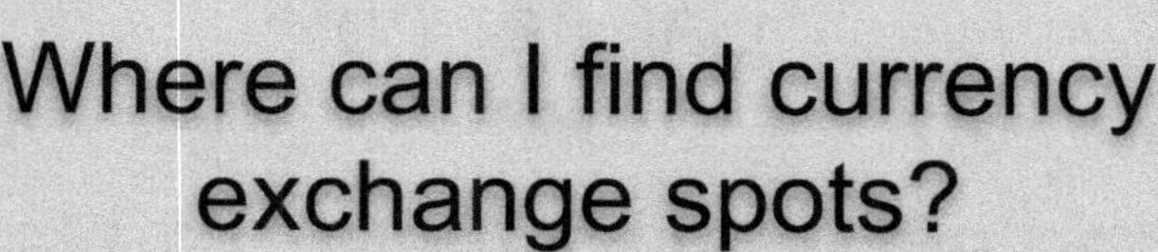
Where can I find currency
exchange spots?

55. Надад 500 доллар сольж өгнө үү?

[nad tavan zuun dollar solij o'gnuu']

113

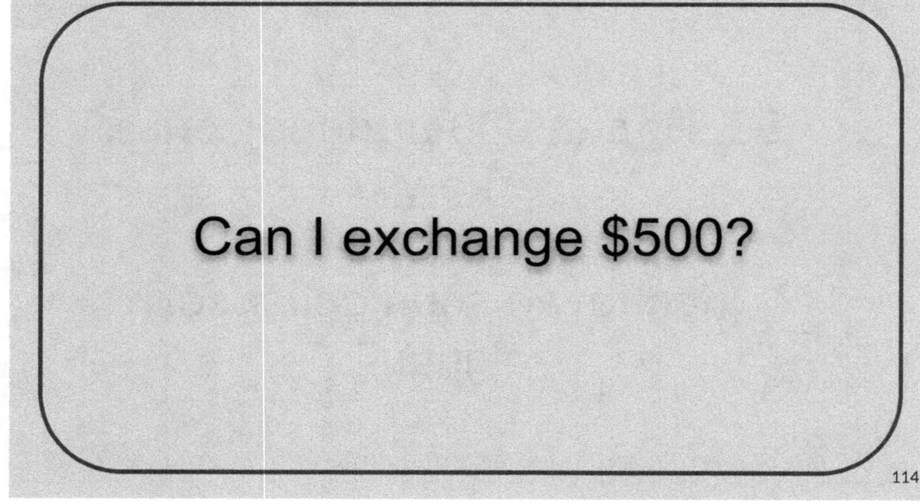

Can I exchange $500?

56. Галт тэрэгний буудал   зааж
өгнө үү?

[galt teregnii buudal zaaj o'gnuu']

How can I get to the train station?
Can you show me the way to the
train station?

57. Галт тэрэг, автобусны тасалбар хаанаас/яаж авах вэ?

[galt teregh/avtoobusnii tasalbar khaanaas/yaaj avah ve]

Where can I get a ticket for a train / shuttle bus?

58. Дархан руу явах нэг тасалбар авъя.

[darkhan ruu yavah negh tasalbar aviy]

Please, one ticket to Darkhan city.

59. Хямд б<u>ай</u>р хэд х<u>о</u>ног
түр<u>ээ</u>сэлмээр б<u>ай</u>на.

[khyamd bair khed khonogh
tu'reeslmeer bain]

I'd like to rent a cheap apartment for a few days.

60. <u>Я</u>мар <u>я</u>мар ө<u>р</u>ө<u>ө</u> б<u>ай</u>на?

[yamar yamar o'roo' bain]

What rooms are available?

61. Нэг/хоёр хүн<u>ий</u> <u>өрөө</u> ямар үнэт<u>эй</u> вэ?

[negh khoyor khu'nii o'roo' yamar u'netei ve]

What are the prices of one/two persons room?

62. Би/Бид ...... х<u>о</u>ноно.

[bi/bid ...... khonon]

I/We would stay ......nights.

63. Тан**айд** интерн**е**т сүлж**ээ** б**ий** юу?

[tanaid internet su'ljee bii yu]

Is internet connection
available here?

64. Та түргэн тусламж дуудаж өгнө үү.

[ta tu'rgen tuslamj duudaj u'gnuu']

Can you please call an ambulance
for me?

65. Та н<u>а</u>дад такс<u>и</u> д<u>уу</u>даж өгнө
<u>үү</u>?

[ta nad taksi duudaj u'gnuu']

Can you, please book a taxi for me?

66. Та цаг<u>аа</u> <u>дуу</u>дна уу?

[ta tsagdaa duudnuu]

Can you, please call the police?

67. Би түрүүвчээ гээчихлээ.

[bi tu'ruu'vchee geechlee]

I lost my wallet.

69. Нарантуул зах руу ямар
автобус явдаг вэ?

[narantuul zakh ruu yamar
avtobus yavdagh ve]

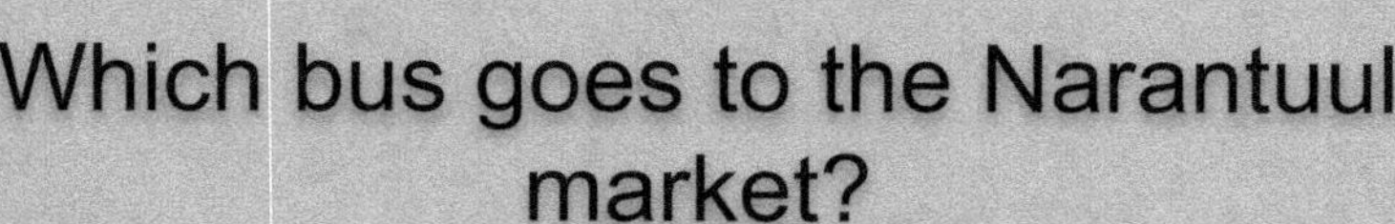

Which bus goes to the Narantuul market?

69. Автобусны карт хаана зардаг
вэ?

[avtoobusny kart khaan zardagh ve]

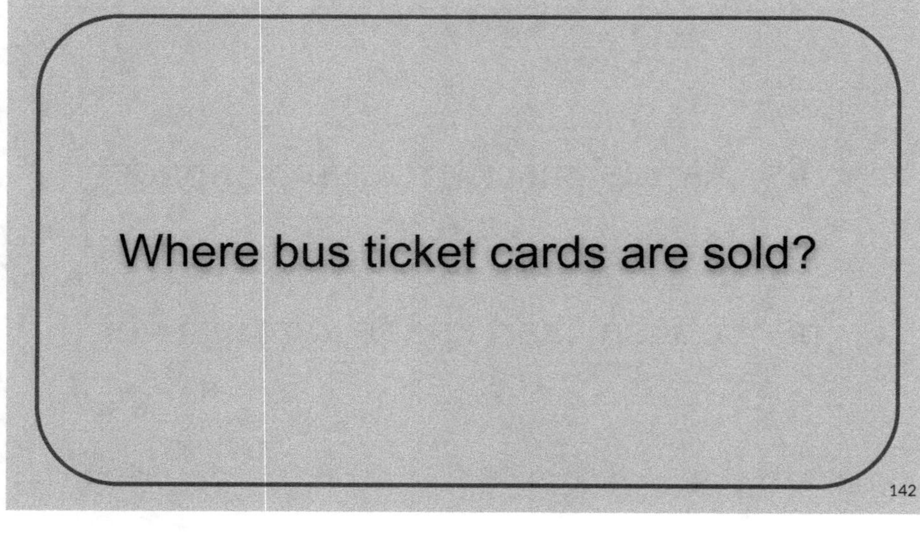

Where bus ticket cards are sold?

70. Монгол үндэсний хувцас
зардаг тасаг зааж өгнө үү?

[mongol u'ndesnii huvtsas zardagh
tasagh zaaj u'gnuu']

Can you please help me to find the
section with Mongolian national
clothes?

71. <u>Үү</u>нийг хямдр<u>уу</u>лна уу?

[uu'niig hyamdruuln uu]

Can you please give me a discount
on this?

72. Хамгийн сайн хүнсний зах юу вэ?

[hamgiin sain khu'nsnii zakh yu ve]

What's the best food market here?

73. Хэр үнэтэй газар вэ?

[kher un'etei gazar ve]

How expensive is that place?

74. Меркури зах руу яаж очих вэ?

[merkury zakh ruu yaaj ochikh ve]

Excuse me. How do I get to a
Mercury food market?

75. Би талх/үхрийн мах/алим/сонгино авъя.

[bi talkh /u'hriin makh /alim / songin aviy]

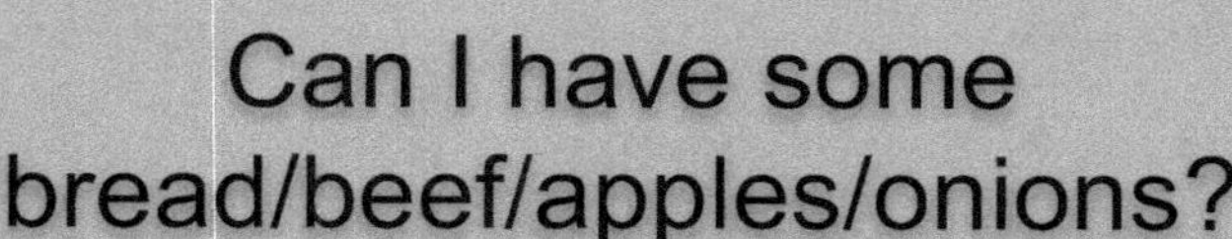

154

76. Нэг/хоёр килограм
үхрийн/тахианы мах авъя.

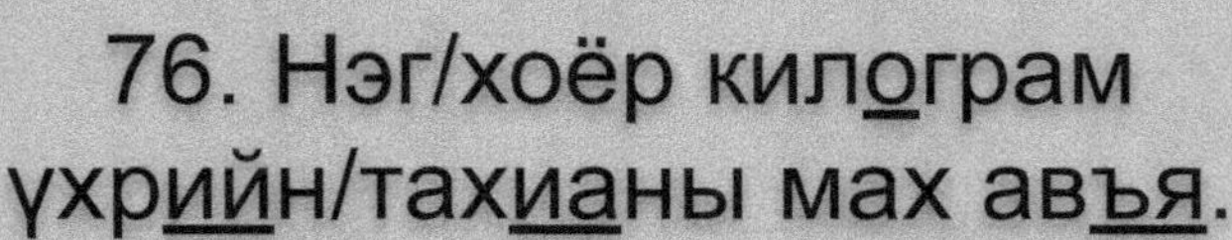

[negh / khoyor kilogram u'hriin /
tahiany makh aviy]

Can I have 1 kilo /2 kilos of
beef/chicken?

77. Би картаар төлбөр хийж
болох уу?

[bi kartaar to'lbo'r hiij bolokh uu]

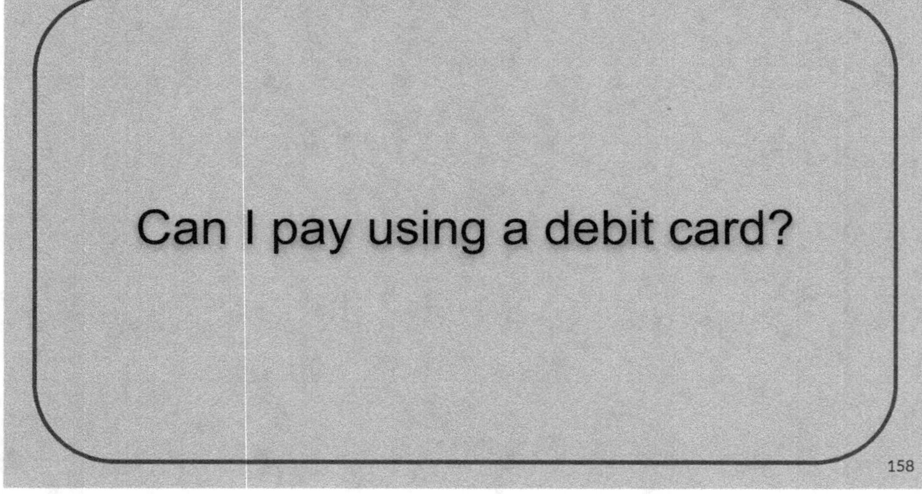

Can I pay using a debit card?

78. Монгол наадам хэзээ болдог вэ?

[mongol naadam khezee boldog ve]

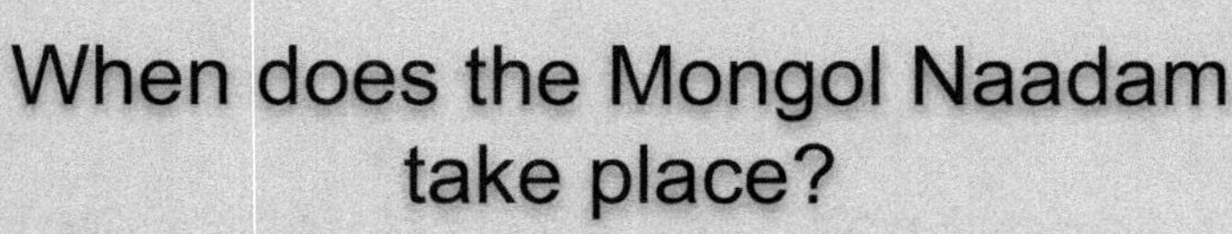

When does the Mongol Naadam
take place?

79. Наадмын тасалбар олдох уу?

[naadmyn tasalbar oldoh uu]

Are Naadam festival tickets
available?

80. Наадмаар юу юу үзэж болох вэ?

[Naadmaar yu yu u'zej bolokh ve]

What events happen during the
Naadam?

81. Монголчуудын дуртай хоол нь
юу вэ?

[mongolchuudiin durtai hool n yu ve]

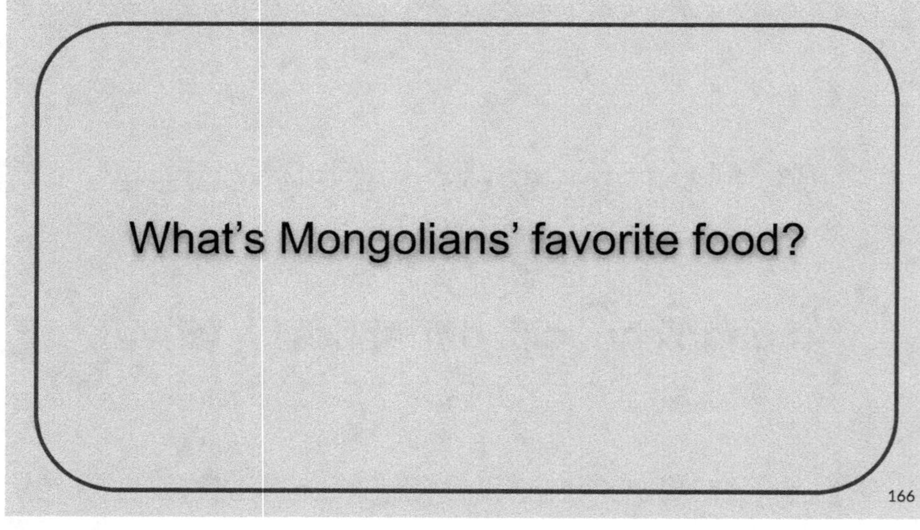
What's Mongolians' favorite food?

82. Та надад утасны дугаараа өгнө үү?

[ta nad utasny dugaaraa o'gnuu']

Can you give me your phone number?

83. Би тант<u>ай</u> марг<u>аа</u>ш ярьж/<u>уу</u>лзаж
болох <u>уу</u>?

[bi tantai margaash yarij
/uulzaj bolokhuu]

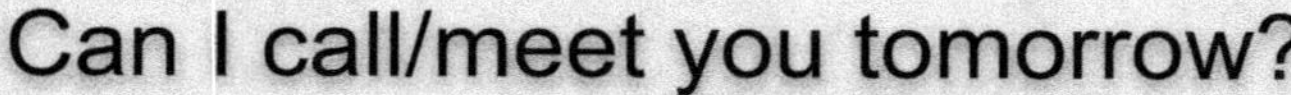

Can I call/meet you tomorrow?

84. Та марг<u>аа</u>ш завт<u>ай</u> юу?

[ta margaash zavtai yu]

Are you free tomorrow?

85. Хаана уулзах вэ?

[khaan uulzakh ve]

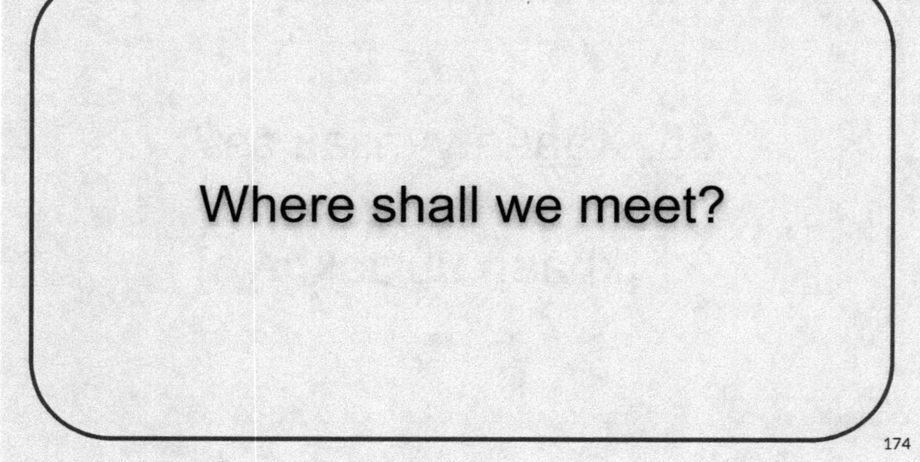

Where shall we meet?

86. Хэдэн цагт уулзах вэ?

[khedeng tsagt uulzakh ve]

What time shall we meet?

87. Улаанбаатарын музейнүүдийн
хуваарь юу вэ?

[ulaanbaatryn muzeynuu'diin huvaari
yu ve]

What days do the Ulaanbaatar's
museums work?

88. Өн<u>өө</u>дөр ямар үзвэр/муз<u>ей</u>
үзэх вэ?

[o'noo'dur yamar u'zver / muzey
u'zekh uu]

What show/museum are we going
to visit today?

89. Муз<u>ей</u> / т<u>еа</u>тр луу <u>юу</u>гаар явах <u>вэ</u>?

[muzey / teatr luu yugaar yavhuu]

How are we going to get to the
museum/theatre?

90. Морин хуурын тоглолт үзмээр байна.

[moring khuuryn toglolt u'zmeer bain]

I'd like to watch morin khuur
performance/concert.

91. Хөдөө явахад ямар хувцас
өмсөх вэ?

[kho'doo' yavhad yamar huvtsas
o'mso'kh ve]

What clothes are suitable for wearing in the countryside?

92. Маргааш цаг агаар ямар байх бол?

[margaash tsag agaar yamar baikh bol]

What do you think the weather will
be like tomorrow?

93. Дул<u>аа</u>н х<u>у</u>вцас / цув х<u>аа</u>наас
<u>а</u>вбал <u>дээр</u> вэ?

[dulaan huvtsas / tsuv khaanaas
avbal deer uu']

Which place would you
recommend me to buy warm
clothes or rain coat?

94. Хөдөө очоод монгол гэрт сууж үзмээр байна.

[kho'doo' ochood mongol gert suuj u'zmeer bain]

I'd like to stay in a Mongolian ger
when we are in the countryside.

95. Хөдөө очоод морь унах
боломжтой юу?

[kho'do'o' ochood mori unakh
bolomjtoi yu]

Is that possible to ride a horse when
we come to the countryside?

96. Монгол <u>айлд</u> <u>о</u>чиж болох <u>уу</u>?

[mongol aild ochij bolhuu]

Can I visit a Mongolian family?

97. <u>О</u>нгоц / галт тэрэгн<u>ий</u> бил<u>е</u>т
зах<u>иа</u>лахад туслана <u>уу</u>?

[ongots / galt teregnii bilyet
zahialkhad tusalnuu]

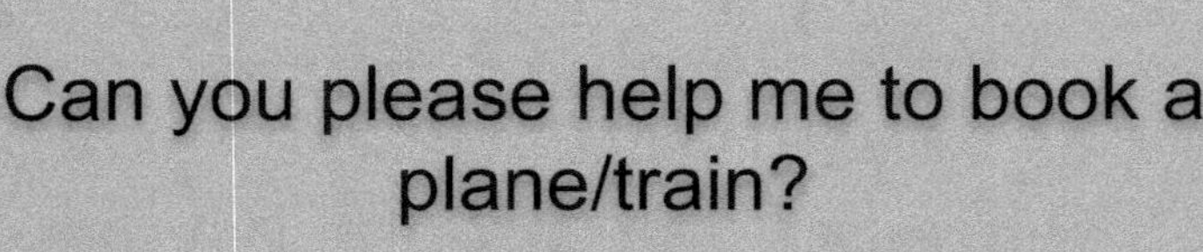

198

98. Н_исэх б_уудалд х_эдэн цагт очих в_э?

[nisekh buudald kheden tsagt ochih ve]

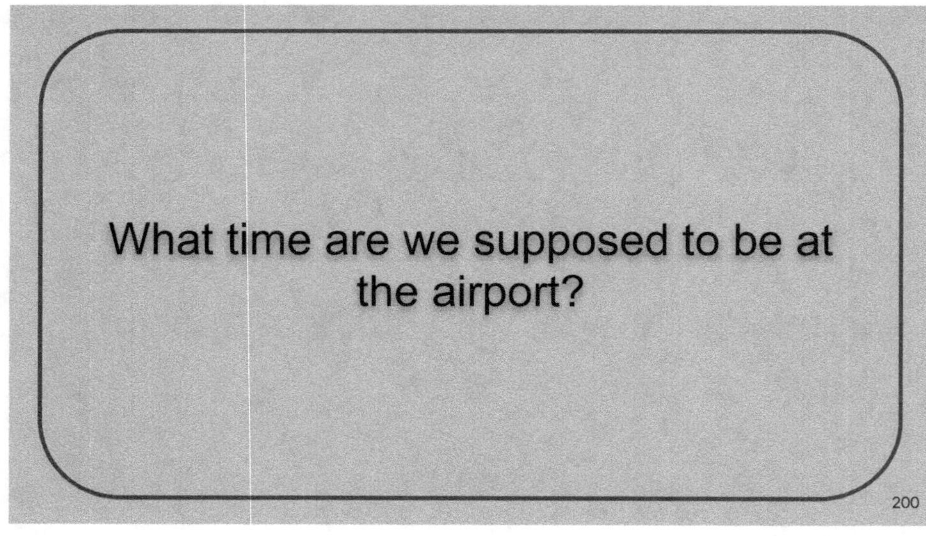
What time are we supposed to be at the airport?

99. Хэр хэмжээний ачаа тээш зөвшөөрдөг вэ?

[kher khemjeenii achaa teesh zo'vshoo'rdo'gh ve]

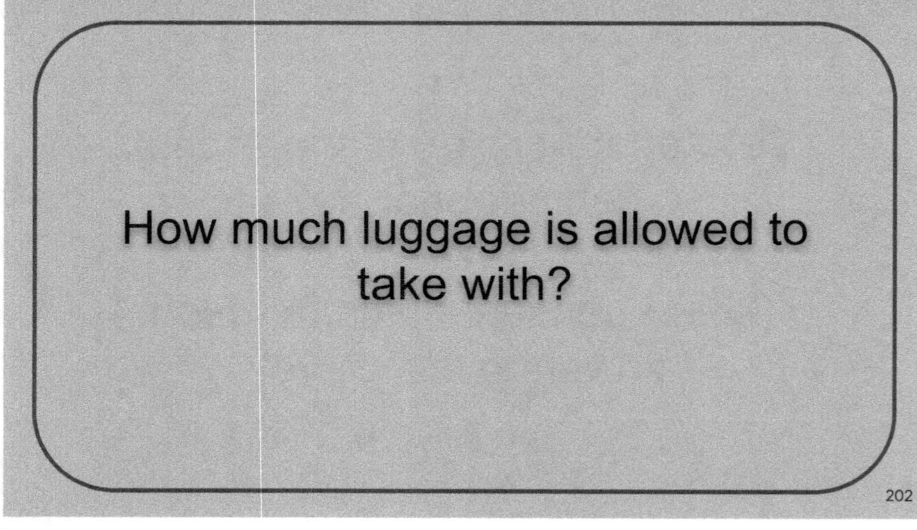

How much luggage is allowed to take with?

202

100. Сайн сууж б<u>ай</u>гаарай!

[sain suuj baigaarai]

Stay well!